AF248492

LOIS CONSTITUTIONNELLES.

SOLUTION

BASÉE

SUR LE PRINCIPE DE L'ÉGALITÉ.

NEVERS,

IMPRIMERIE ET LITHOGRAPHIE FAY,

Place de la Halle et rue du Rempart, 1.

1874

LOIS CONSTITUTIONNELLES.

———

Au lendemain des révolutions et des désastres, il est du devoir des législateurs d'en rechercher les causes, et d'apporter dans la loi les modifications nécessaires afin que dans l'avenir les mêmes causes ne produisent pas les mêmes effets.

La loi est l'ensemble des principes, des réglements et des pénalités reconnus nécessaires pour assurer la stabilité et la grandeur des institutions sur lesquelles repose la nation.

Le principe de l'autorité réside absolument dans la loi seule.

Afin d'atteindre son but, la loi doit exiger de tout citoyen qui veut prendre part aux affaires publiques trois qualités indispensables : la capacité, la dignité, l'obéissance.

Tout citoyen a le droit d'être électeur, s'il remplit les conditions que la loi doit exiger de tous ceux qui veulent participer aux affaires publiques.

Le titre d'électeur est-il un droit ou une fonction ?

Si par le mot fonction on entend l'acte de prendre part aux affaires publiques, le titre d'électeur constitue une fonction.

Mais, dit-on, lorsqu'un citoyen est revêtu d'une fonction, il est obligé de la remplir; donc tout électeur doit être obligé de voter. Puis on fait le raisonnement inverse, et de ce que la loi ne saurait forcer tout électeur à voter, on en conclut que le titre d'électeur n'est pas une fonction, mais un droit.

Ces raisonnements sont également faux; car dans l'organisation si complexe d'un état, toutes les fonctions, qui n'ont pas un but identique, ne peuvent pas être soumises aux mêmes réglements. Il est bien certain que tout service public impose à celui qui en remplit la fonction, l'obligation de l'exécuter avec régularité. Mais il ne peut pas en être de même pour les fonctions législatives. La loi donne à tout citoyen qui en est revêtu le droit d'en user, mais elle ne peut l'obliger à émettre un avis, même lorsqu'il n'a pas su se faire une opinion. Ainsi, la loi donne à tout député le droit de voter dans les questions soumises à la Chambre, mais elle ne peut pas l'obliger à prendre part au vote. Tout électeur remplit une fonction infiniment moins importante, mais semblable à celle d'un député. La loi lui donne le droit d'en user, mais elle ne saurait l'obliger à le faire.

Du reste, les principes doivent être étudiés

par les législateurs au point de vue des résultats qu'ils ont déjà donnés, et de ceux qu'on peut prévoir pour l'avenir, plutôt qu'au point de vue purement théorique; car certains principes, admis dans diverses nations, et qui produisent les plus grandes choses, seraient une cause de trouble et de décadence si les législateurs voulaient les appliquer ailleurs. Aussi, je crois qu'il serait dangereux de suivre l'exemple que donnent certains esprits les mieux intentionnés, qui fouillent dans l'histoire, et qui recherchent autour de nous les institutions qui ont assuré la grandeur des peuples, afin de les donner à la France. Les uns, pleins d'admiration pour les grandes pages de l'histoire d'Athènes ou de Rome, prétendent que là se trouve la solution que tout le monde désire, comme si ce qui était parfait dans ces temps reculés et pour ces peuples païens était possible de nos jours dans une nation chrétienne. D'autres, admirant l'organisation libérale de l'Angleterre ou bien la puissance de la Prusse, croient que nous devons imiter l'une ou l'autre de ces grandes nations; ils ne songent pas que pour introduire en France ces puissants mécanismes il manque deux rouages indispensables : la noblesse et la royauté. D'autres encore, émerveillés par la vitalité de l'Amérique, rêvent pour notre patrie un semblable gouvernement; mais notre caractère national est trop différent pour que les mêmes lois puissent nous régir. Le plus grand mobile de tout Américain, c'est l'intérêt matériel, l'argent ; en France, le plus puissant mobile, c'est l'honneur et l'amour-propre pour les hommes bien trempés, l'orgueil et la vanité pour les autres.

Quant à moi, je laisserai les Grecs et les Latins à l'histoire, l'Angleterre à ses traditions, la Prusse à sa discipline et l'Amérique à ses comptoirs ; je ne m'occuperai que de la France, j'éviterai de prendre mes désirs et mes rêves pour la réalité, et je chercherai la solution du problème avec les données qui existent, c'est-à-dire l'expérience des révolutions et des désastres de ce siècle, notre désarmement en face de l'étranger, la rivalité entre les classes sociales, l'acharnement des divers partis qui veulent arriver au pouvoir : royalistes, bonapartistes, républicains et radicaux, et, dans l'ombre, cette masse d'hommes infâmes et sans nom qui, pour satisfaire leurs ambitions criminelles, veulent tout renverser, et qu'on a vus, dans les jours de révolution, faire frémir la nation sous la terreur qu'il inspiraient ; mais aussi les grandes traditions, l'amour de la patrie, la discipline dans l'armée, le dévouement dans le clergé, l'intégrité dans la magistrature, l'exactitude dans toutes les administrations, les progrès de l'instruction, le désir de bien faire chez le plus grand nombre, la dignité dans le travail, la vitalité partout et quand même, le crédit à peine atteint, les conquêtes de la science, la presse, la vapeur, l'électricité, l'agriculture, le commerce et l'industrie demandant la sécurité aux lois, afin de progresser encore ; chez beaucoup l'amour des lettres, des sciences et des arts, et enfin à la tête de la nation le plus grand de ses citoyens, nommé pour sept années et s'appuyant sur une Chambre pleine de patriotisme, représentant les vertus du pays, mais, hélas ! aussi ses divisions.

Il est du devoir de chacun de trouver les moyens de rallier tous les bons citoyens autour d'un seul drapeau ; aussi il ne m'échappera pas une seule parole amère contre un des partis qui nous divisent ; et puis que chacun regarde dans sa propre famille et qu'il voie si les siens n'appartiennent pas aux opinions les plus diverses, et si un mot de blâme contre un seul parti ne retomberait pas sur son frère, son parent ou son ami.

Du moment que la Chambre n'a pu faire la monarchie, il importe peu au pays qu'elle donne au gouvernement du maréchal une dénomination plutôt qu'une autre, et son vote ne changerait en rien l'opinion de chacun. Pour comprendre combien un vote de la Chambre tranchant cette question aurait peu d'importance dans le pays, il suffit de se souvenir qu'à Bordeaux la déchéance de la famille impériale fut votée presqu'à l'unanimité. Ce vote a-t-il eu la moindre influence dans la nation, et n'a-t-on pas vu depuis des candidats bonapartistes se porter aux élections et des électeurs en grand nombre leur donner leurs suffrages ? La solution n'est donc pas dans la dénomination du gouvernement, mais bien dans l'organisation des institutions qui lui serviront de base.

Avant d'étudier ces institutions en elles-mêmes, il faut décider sur quels principes elles seront basées.

En recherchant dans les nations civilisées de nos jours, on voit que les divers principes admis sont :

Les principes de la souveraineté royale, — de la suprématie de la naissance, — de la suprématie de la fortune, — de la souveraineté du nombre, — et enfin de la suprématie de l'intelligence et du mérite personnel.

L'union de tout un peuple autour de son roi est un grand moyen de puissance et de prospérité. Je me souviens de l'impression profonde que j'éprouvai à Londres lorsque, sur une place publique, la musique entonna le « *God save the Queen* » et que je vis chacun se découvrir ou donner des marques de respect. Ce que j'enviais le plus à ce peuple puissant, c'était cette union de tous dans un grand principe. Mais le principe de la souveraineté royale n'est une force qu'autant que tous les citoyens entourent de leur affection et de leur respect une seule famille, dépositaire de l'autorité souveraine. En France, cet accord n'existe pas, et un air national joué en l'honneur d'une dynastie quelconque serait un prétexte de discorde et de lutte et non un signal d'union et de respect. Dans quelques années, lorsque le gouvernement du maréchal aura ramené le calme dans les esprits et dans les affaires, la nation choisira la forme de gouvernement qui lui conviendra le mieux, afin de lui assurer la sécurité à l'intérieur et des alliances à l'étranger.

Le principe de la suprématie de.la naissance, qui a servi de base à l'ancien régime, puise son origine dans les brillantes actions ou les grands services rendus à la patrie, et se perpétue par la tradition. A toutes les époques les peuples les plus libéraux ont cru s'honorer eux-mêmes en honorant ainsi leurs grands hommes et leurs descendants. Il y a dans ce principe une grande force, s'appuyant sur les sentiments les plus élevés; mais en France il existe, certes, encore des familles nobles, mais nous n'avons plus de noblesse, et cette force nous manque.

Le principe de la suprématie de la fortune, qui est la base du régime censitaire, remplaça le principe de la suprématie de la naissance, et le pouvoir passa aux mains de la classe riche. La bourgeoisie profita du pouvoir pour se soustraire autant que possible aux charges publiques. Ainsi, la plus lourde, le service militaire, par la loi sur le remplacement, pesait uniquement sur le peuple. La conséquence forcée du régime censitaire fut de faire naître chez ceux qui n'avaient pas de fortune un sentiment de rivalité contre les riches et de révolte contre la loi. Il leur semblait profondément injuste que tous les priviléges fussent pour la classe aisée, tandis que les charges pesaient sur la classe ouvrière. En même temps que le principe de la suprématie de la fortune, la loi reconnaissait aussi celui de la suprématie du mérite personnel ; de telle sorte que certaines fonctions se donnaient à la fortune et d'autres au mérite. Deux principes aussi opposés ne peuvent pas exister simultanément dans le même état sans être une cause de division entre les citoyens. Les libéraux prétendaient que toutes les fonctions devaient être donnés au mérite ; les gens riches, guidés par leur intérêt personnel, mettaient les droits de la fortune au-dessus de ceux de l'intelligence. Ces luttes entré les gens riches d'une part, le peuple et les libéraux de l'autre, aboutirent à la révolution de 48. L'expérience en est faite : le régime censitaire ne peut convenir à la France.

Je crois qu'il est injuste de mesurer le patriotisme de chacun aux écus qu'il peut avoir, et que l'intérêt d'un père de famille sans fortune, aux prises avec les difficultés journalières de la vie, doit être aussi sacré et aussi grand devant la loi que celui d'un homme riche dont l'existence est facile, car on ne saurait démontrer que l'intérêt d'un citoyen est proportionnel à sa fortune. Certains esprits prétendent que la richesse doit donner le droit d'électeur, parce que celui qui paye l'impôt doit pouvoir nommer les députés chargés de le voter. Ce raisonnement n'est pas juste, parce qu'une partie de l'impôt direct et la plus grande masse de l'impôt indirect sont payées par la classe ouvrière. Et, d'ailleurs, la Chambre des députés n'a pas à se prononcer que sur les questions financières. Il serait facile de prouver que les charges publiques pèsent plus durement sur les ouvriers que sur les gens riches, et d'en conclure qu'il est injuste de croire que l'argent puisse donner des droits politique.

Je crois que dans une nation chrétienne, dont le Dieu est né pauvre et a prêché la pauvreté, la loi ne serait pas conséquente avec la religion si elle donnait des priviléges à la fortune. Mon sentiment à cet égard est aussi celui de la plus grande masse des Français. J'ai vu beaucoup de citoyens, nés dans une position modeste, reconnaître comme parfaitement justes les distinctions honorifiques accordées aux descendants de nos grands hommes. Partout chacun s'incline devant le mérite personnel; mais je n'ai pas encore rencontré un homme de cœur qui trouverait juste de le priver d'un droit politique accordé à un citoyen souvent moins honnête et moins intelligent que lui, pour cette seule raison que ce citoyen posséderait plus d'argent.

Aussi longtemps que la loi établirait en France une distinction quelconque basée sur la fortune, la lutte existerait forcément entre les diverses classes sociales, parce que le principe de la suprématie de la richesse répugne à l'amour-propre et à la fierté de chacun et qu'il est contraire à l'esprit national et au dogme du christianisme.

ıncipe de la ouveraineté u nombre

Après la révolution de 48, le principe de la souveraineté du nombre remplaça celui de la suprématie de la fortune, et le pouvoir passa des mains de la classe la plus riche dans celles de la plus nombreuse : le peuple.

Les cœurs les plus généreux se laissent entraîner par les théories séduisantes du suffrage universel ; mais les législateurs doivent résister à ces entraînements, car à côté de la théorie sont les résultats de la pratique, à côté de la grandeur humaine et des vertus, la faiblesse et les vices, et au-dessus des droits de l'homme ceux de la société. Pour étudier cette question on ne doit pas seulement s'entourer d'auteurs préférés et s'en tenir à des études spéculatives dans la retraite d'un cabinet de travail ; il faut descendre dans la rue, entrer dans les cabarets, ne pas craindre de prendre les feuilles qui traînent sur les tables, lire ce qu'on y lit, entendre ce qui s'y répète ; et pour guérir les plaies que le suffrage universel a faites à la France, il faut les mettre à nu et les regarder en face.

Si tout électeur remplissait les conditions que la loi exige chez un juré, le suffrage universel serait la plus admirable des institutions, et ses résultats s'imposeraient au respect. Ces conditions sont : une intelligence suffisante pour comprendre les raisons qui devront guider le jugement et une impartialité absolue, de telle sorte qu'on doit n'obéir qu'à des considérations de l'ordre le plus élevé. L'expérience prouve au contraire que tout électeur, au lieu de rechercher avec conscience quel peut être le candidat le plus digne, choisit toujours de préférence celui qui le flatte le plus dans ses intérêts, ses passions, ses instincts ou ses haines. Sur dix électeurs on peut tout au plus en compter un ou deux appartenant à la bourgeoisie. La classe riche est donc en telle minorité qu'elle n'est rien par elle-même dans le monde politique, et qu'elle ne peut exister que si la classe ouvrière daigne le vouloir. Aussi les comités monarchistes ou républicains ne choisissent-ils pas les candidats les plus dignes, mais bien ceux qui ont les plus grandes chances de réussir auprès des paysans et des ouvriers. Le peuple voudrait profiter de cette souveraineté que lui donne la loi pour s'exempter de toutes les charges publiques, en abolissant le service militaire et en faisant peser l'impôt sur la bourgeoisie au moyen de l'impôt progressif. Et qu'on ne dise pas qu'en agissant ainsi le peuple n'est pas honnête et fait preuve de décadence.

Sous l'ancien régime, la noblesse tenait à ses priviléges qui opprimaient la bourgeoisie et le peuple.

Sous le gouvernement de Juillet, la bourgeoisie sacrifiait les intérêts du peuple aux siens.

Pourquoi demander plus d'impartialité au peuple qu'à la noblesse et à la bourgeoisie? Le suffrage universel lui donne le pouvoir. Il est naturel qu'il veuille en profiter, et cela lui semble juste.

Avec le suffrage universel, le pays devait se diviser en deux grands partis : Le parti radical, qui demande l'application du principe de la souveraineté du nombre dans toutes les lois. Il prétend que le gouvernement doit se faire par la classe ouvrière, qui est la majorité du collége électoral. Ses journaux et ses comités répètent journellement au peuple qu'il est la force, puisqu'il est le nombre; ils recherchent tout ce qui peut séduire les ouvriers et ils le leur promettent.

Le parti conservateur, ou parti des bourgeois, qui ne peuvent pas employer d'autres moyens de séduction que l'argent, mais qui ont une force puissante dans le raisonnement et aussi dans l'intimidation. Beaucoup obligent les ouvriers placés sous leur dépendance à voter pour le candidat de leur choix, et j'ai vu des gens riches menacer des ouvriers de leur arracher leur travail ou leurs secours s'ils n'obéissaient pas à leurs ordres. Cette action répugne, mais ceux qui la font croient être en cas de légitime défense. L'ouvrier obéit, mais il amasse dans son cœur des sentiments de haine ou d'exaspération, ou bien il s'avilit de plus en plus.

Dans les grands centres, à la première réunion publique, les ouvriers ont senti leur force, et depuis longtemps ils se sont soustraits à l'influence des patrons. Dans les campagnes, les propriétaires et les fermiers ont des rapports plus intimes avec leurs ouvriers, et ils exercent sur eux une influence plus directe. Les paysans, qui ne lisent pas de journaux et n'ont pas de réunions publiques, votent encore pour les candidats conservateurs; mais plus nous avançons, chez les jeunes gens surtout, l'esprit d'indépendance tend à devenir le même que chez les ouvriers des villes. Ainsi, nous voyons les paysans les plus raisonnables et que les meilleures recommandations ont fait entrer au service des compagnies de chemins de fer ou autres, voter pour les candidats radicaux dès qu'ils se sentent indépendants; ce qui est bien naturel, puisqu'ils leur promettent tout ce qui peut les séduire.

Le gouvernement qui ne peut pas s'appuyer sur

la classe ouvrière seule doit donc lutter contre les radicaux, et soutenir les conservateurs par tous les moyens dont il dispose. Les principaux moyens employés par l'Empire ont été la transportation, les candidatures officielles, la nomination des maires dévoués au souverain, la révocation des fonctionnaires radicaux ou le refus de leur accorder l'avancement dû à leurs services, le don exclusif de toutes les faveurs aux conservateurs seuls, et peut-être aussi la guerre. Qu'on se souvienne, en effet, quel argument puissant les journaux du gouvernement savaient tirer de cette nécessité imposée à tout bon citoyen de ne pas créer des difficultés à l'intérieur, tandis que les armées luttaient à l'étranger. De tous les moyens d'intimidation c'était le plus puissant, et ne trouverait-on pas là le véritable motif de 'ces expéditions lointaines et inutiles, et de quelques-unes de ces guerres continentales qui ont été glorieuses pour nos armes, mais dont le résultat sinistre fut de livrer la France seule et épuisée à la Prusse agrandie et victorieuse ?

Dans les dernières années de son règne, l'Empereur sentait qu'il ne serait bientôt plus maître du suffrage universel, et ce doit être pour nous une terrible leçon que cette lutte où il se trouva engagé : d'un côté la Prusse, de l'autre le radicalisme,

Il savait que la Prusse faisait contre nous des armements formidables ; les avertissements ne lui ont pas manqué. Il sentait bien qu'il fallait augmenter les forces militaires, et il fit voter le projet de loi du maréchal Niel; mais, par crainte des radicaux, il n'osa pas le faire exécuter.

Il voulut retremper son autorité dans un plébiscite. 7,500,000 suffrages lui prouvèrent que sa popularité personnelle était encore grande. Mais les mêmes ouvriers qui par amour de l'ordre votaient pour l'Empire, et qui ne comprenaient pas l'inconséquence de leurs votes dans les élections partielles, nommaient les candidats radicaux qui représentaient leurs intérêts ou leurs haines.

L'Empereur se trouva en butte aux provocations de la Prusse avant d'avoir osé se préparer à la lutte et la guerre éclata.

A l'un des moments les plus critiques de la campagne, il fut plus particulièrement placé par la force des événements entre les Prussiens et les radicaux. C'était à Châlons. Lorsque le maréchal de Mac-Mahon eut reformé son armée, l'Empereur devait se diriger sur Paris; mais les ministres écrivaient que dans ce cas ils ne répondraient plus du peuple. Il redoutait encore moins les armées prussiennes, et il donna l'ordre de marcher en avant; cet ordre fatal devait amener la catastrophe de Sedan.

Si l'Empereur avait été un souverain héréditaire, mais non pas issu du suffrage universel, la guerre se serait terminée à Sedan, ainsi que la guerre d'Autriche à Sadowa. Il ne devait pas en être ainsi. Le radicalisme avait poussé l'Empire à sa ruine ; ses chefs, malgré la situation désespérée, s'emparèrent du pouvoir.

Le gouvernement des radicaux fut beaucoup moins libéral que celui de l'Empire, et son premier acte, malgré la présence de l'ennemi, fut de désorganiser les services établis, en cassant les fonctionnaires et en remplaçant les conseils élus par des commissions révolutionnaires.

Mais arrivons au gouvernement de l'Assemblée nationale. Le pays, consterné par tant de désastres, avait fait appel à ses plus grands citoyens, et dans la nouvelle Chambre une grande majorité de députés qui avaient lutté contre le despotisme de l'Empire arrivaient l'âme remplie des plus larges idées de libéralisme et de décentralisation. Le règne de la liberté allait donc enfin commencer pour la France. Hélas ! de toutes les mesures libérales prises par la Chambre, une seule survit encore ; tous les citoyens doivent payer l'impôt du sang. et la loi militaire poura subir des modifications, mais son esprit ne variera pas, parce qu'elle repose sur le principe de la suprématie de l'intelligence et du mérite personnel. Mais pour toutes les institutions qui reposent sur le principe de la souveraineté du nombre, l'Assemblée a dû revenir sur ses premières décisions, et l'un des chefs les plus autorisés du parti libéral, M. le duc de Broglie, a déclaré que le gouvernement était impossible si la loi municipale ne revenait pas à ce qu'elle était sous l'Empire. Les beaux rêves de liberté s'étaient évanouis, et le gouvernement de l'Assemblée tendait à être aussi despotique que celui de l'Empereur, tant il est vrai qu'avec les mêmes institutions les hommes doivent gouverner par les mêmes procédés.

Mais ces procédés s'usent tous les jours, et le triomphe du radicalisme est presque assuré.

Les modifications proposées relatives à l'âge et au domicile ne pourront que hâter ce triomphe. Dans l'usage, beaucoup de jeunes gens de vingt-un à vingt-cinq ans se placent comme domestiques dans les fermes ou chez les particuliers, et ils sont vis-à-vis de leurs maîtres dans une dépendance telle qu'ils votent pour le candidat de leur choix. Mais cette condition d'âge peut se défendre en théorie, et surtout elle ne serait pas vexatoire, puisqu'elle atteindrait tout le monde indistinctement. Il n'en serait pas de même pour la condition de domicile. Je défie de faire une réponse satisfaisante à un paysan qui viendrait dire : « J'habitais la commune voisine ; j'ai
» dû venir dans celle-ci, mais je n'ai pas changé
» d'arrondissement, et je voudrais donner ma voix
» à tel candidat. Pourquoi, moi qui ai toujours
» voté pour le Gouvernement, ne puis-je plus le
» faire, tandis que tel de mes voisins, qui est mal
» vu dans le pays, n'en est pas empêché. » Cet homme, vexé par la loi, ira demander une explica-

tion à l'avocat du village qui lui dira que les bourgeois ont inventé cette mesure afin d'empêcher les ouvriers de voter. Généralement, la durée du loyer pour la classe ouvrière est d'une année, et comme au bout de cette année les plus honnêtes peuvent être obligés de changer de domicile, la loi, leur enlevant le droit de vote pour une cause indépendante de leur volonté, leur semblerait profondément injuste et vexatoire, et il serait naturel qu'après avoir été vexés par la loi ils votassent contre le Gouvernement lorsque le droit de vote leur serait rendu après trois années de résidence.

Ainsi donc, ces conditions d'âge et de domicile qui auraient pour résultat d'enlever le droit de vote à presque tous les domestiques et de vexer la plus grande masse des ouvriers des villes et des campagnes, ne pourraient que hâter le triomphe du radicalismè.

Certains esprits croient qu'avec un gouvernement ferme, des préfets à poigne et des maires choisis par le chef de l'État, parmi les hommes les plus énergiques, on pourrait encore faire réussir les candidatures officielles.

Ce système d'intimidation ne peut pas servir de base à un gouvernement libéral. Il est plus que douteux qu'il puisse encore réussir. Ce ne sont plus les ouvriers qui craignent l'autorité, mais l'autorité qui redoute les ouvriers, et bien des maires, qui jadis pouvaient imposer le candidat officiel, n'osent plus s'adresser directement aux mêmes électeurs, et parfois ne peuvent pas trouver d'agents électoraux, tellement ceux-ci craindraient d'être traités en faux frères.

Il ne faudrait pas croire non plus qu'en organisant des comités conservateurs on serait assuré de vaincre le radicalisme. La formation de ces comités est très-difficile, par suite de la division du parti conservateur en royalistes, bonapartistes et républicains. Cependant il en existe dans certains départements. Mais à côté du comité conservateur, exclusivement composé de bourgeois, il en existe un radical formé en grande partie d'ouvriers. Il est naturel que le peuple préfère le candidat adopté par ces derniers. J'ai connu un excellent ouvrier, très-honnête, qui dit en voyant la propagande active faite par les membres d'un comité conservateur en faveur de leur candidat : « Puisque les » bourgeois se remuent tant pour Monsieur ***, ce » n'est pas notre homme. » Et il vota pour le candidat radical qui, d'ailleurs, ne lui était pas sympathique. Tel fut l'effet produit par le comité conservateur sur cet ouvrier et sur bien d'autres.

Plusieurs conservateurs espèrent que le vote par arrondissement leur serait plus favorable. Ils appuient leur espérance sur ce fait, que même dans les départements dont les députés sont radicaux, plusieurs élections de conseillers généraux sont conservatrices. Mais les électeurs connaissent parfaitement la différence qui existe entre les fonctions de député et celles de conseiller général. Les députés pouvant modifier les lois, les ouvriers ont tout intérêt à nommer les candidats radicaux qui leur promettent d'en faire exclusivement dans l'intérêt du peuple. Les conseillers généraux ne peuvent pas modifier les lois, et les paysans les considèrent comme les intermédiaires entre eux et les agents de l'autorité. Les radicaux n'ayant aucune influence auprès de ces agents, ils ont donc tout intérêt à nommer des conservateurs qui pourront mieux appuyer leurs demandes et leurs réclamations.

Afin de faire saisir le côté absurde et grotesque du suffrage universel, je ne m'arrêterai pas ici à la description de toutes les variétés d'électeurs, depuis le simple qui vote contre le Gouvernement parce que les prêtres ont fait geler sa récolte, jusqu'au roué qui donne sa voix pour une bouteille de vin; mais une comparaison suffira. Lorsque l'État veut construire un édifice, on établit un concours entre les architectes, et un jury compétent choisit le projet le plus parfait. C'est là l'application du principe de la suprématie du mérite personnel. Un gouvernement radical, s'il était logique, devrait faire nommer les architectes par tous les ouvriers qui seraient chargés de cette construction. Si l'Empereur en avait agi ainsi pour le choix de l'architecte de l'Opéra, les radicaux auraient été les premiers à se moquer de lui; et cependant un maçon est bien plus capable de donner son avis pour la construction d'un édifice que pour la confection des lois et la marche du Gouvernement.

Les esprits modérés qui veulent maintenir le principe de la souveraineté du nombre, et qui reconnaissent qu'un homme sans instruction est incapable de nommer un député avec discernement, croient qu'une solution raisonnable serait le suffrage à deux degrés. Cette solution, qui semble en effet à première vue devoir être moins désastreuse, est également injuste et pleine de périls. Supposons qu'on fasse nommer un électeur par vingt citoyens, il y aura parmi ces vingt citoyens de quinze à dix-huit ouvriers et de deux à cinq bourgeois ou hommes instruits. Ceux-ci seront en telle minorité qu'ils seront complétement annulés, et la classe ouvrière sera seule représentée dans le collége électoral; et si cette dernière, irritée par certaines circonstances, voulait s'entendre, elle pourrait exclure la bourgeoisie du monde politique. Ce serait certainement là le but poursuivi avec acharnement par les journaux et les comités radicaux.

Supposons que, par un sentiment d'impartialité sublime, la classe ouvrière ne veuille pas profiter de cette souveraineté que lui donnerait la loi, peut-on espérer que les choix tomberaient toujours sur les plus méritants ? Il peut arriver que dans le même groupe de citoyens il s'en trouve plusieurs distingués. Il serait très-injuste qu'un homme capable ne fût pas électeur parce que le hasard l'aurait placé à côté d'un autre homme distingué qui lui aurait été préféré. Mais oserait-on affirmer que dans chaque groupe ce serait le plus méritant qui serait choisi. Il faudrait n'avoir aucune expérience des choses pour se faire cette illusion. Les paysans préféreraient toujours un homme ignorant, mais vivant de leurs mœurs, au plus capable et au plus digne ; dans les villes, les ouvriers donneraient leurs préférences à des radicaux vaniteux. Il est, du reste, très-naturel qu'une réunion d'hommes choisisse pour les représenter ceux qui les flattent le plus dans leurs instincts et leurs intérêts.

Ainsi donc, le suffrage à deux degrés aurait cette double conséquence de mettre la bourgeoisie à la merci de la classe ouvrière et d'écarter du monde politique un grand nombre de citoyens distingués, tandis que les hommes les plus vulgaires seraient admis à faire partie du collége électoral. En outre de l'injustice de cette double conséquence, le suffrage à deux degrés ferait naître dans chaque groupe de citoyens des rivalités de toutes sortes, préjudiciables au repos public.

On espère qu'en conservant le suffrage universel et en établissant des lois constitutionnelles conservatrices on assurerait la stabilité du Gouvernement. Il est cependant peu probable qu'une Chambre radicale respecterait ces lois et n'essayerait pas de les changer.

Un gouvernement ne peut exister qu'autant que l'accord sera possible entre l'Assemblée nationale et le Sénat. Les divers partis conservateurs s'entendent à peu près sur là composition de la Chambre haute. Elle devrait comprendre tous les hommes les plus éminents par leur intelligence, et par les services rendus à la patrie. Il est bien évident qu'entre un Sénat comprenant l'aristocratie intellectuelle et une Assemblée radicale représentant les intérêts de la classe la plus nombreuse, mais aussi la plus ignorante, l'accord serait impossible. On voudrait trouver un remède à cette situation en donnant le droit de dissolution au chef de l'État ou au Sénat. Mais l'expérience démontre que les seconds tours de scrutin sont presque toujours plus radicaux que les premiers. Il est facile de comprendre que les ouvriers qui, par intimidation, n'ont pas osé voter pour le candidat radical au premier tour, votent pour lui au second, lorsqu'ils croient qu'ils seront les plus forts. De plus, les esprits indécis se laissent toujours entraîner du côté qui l'emporte. Il est donc probable que la Chambre réélue serait aussi radicale que celle qui aurait été dissoute. Le gouvernement deviendrait impossible, et personne ne peut prévoir quelles en seraient les conséquences.

Il est donc impossible de fonder un gouvernement libéral sur le suffrage universel.

Par gouvernement libéral, j'entends un gouvernement aussi juste et impartial que possible, protégeant également tous les droits et tous les intérêts de chaque classe de la société. La triste expérience des événements de notre siècle nous démontre que pour être stable le gouvernement ne doit pas s'appuyer exclusivement sur une seule classe sociale.

En effet, les priviléges de la noblesse ont été la cause de la révolution de 1789.

Le despotisme militaire a fait subir à la France les désastres de 1815.

Le régime censitaire et les priviléges de la bourgeoisie ont causé la révolution de 1848.

Le suffrage universel et l'influence des masses ignorantes nous ont conduits aux désastres de 1870, et ne peuvent aboutir qu'au despotisme ou à l'anarchie.

Après ces terribles leçons de l'histoire, les radicaux prétendent encore que le seul point d'appui qui nous reste est le suffrage universel. Mais quelles sont donc les preuves de solidité que cette institution nous a données jusqu'à ce jour? On jette facilement le blâme sur les hommes de l'Empire, et cependant beaucoup dans les Assemblées et dans les ministères qui se sont succédé étaient pleins de patriotisme; en est-il un qui ait proposé une solution possible? L'Empereur n'avait pas de plus grand désir que d'asseoir sa dynastie sur des institutions stables; il pouvait compter dans les Chambres sur une majorité conservatrice et dévouée. Il a tenté toutes les expériences, depuis M. Rouher jusqu'à M. Ollivier. Toutes les mesures ont été prises, mais il a été impossible d'arriver à un résultat satisfaisant. Qu'ont donc fait de mieux les hommes du 4 septembre, et de nos jours que fait donc de plus l'Assemblée nationale, malgré le patriotisme et le talent des députés ? La division du parti conservateur, qui n'existait pas dans les Assemblées de l'Empire, est une cause de plus d'empêchement pour arriver à une solution ; et comme personne n'entrevoit la possibilité de fonder des institutions stables sur le suffrage universel, la Chambre ·reste impuissante, et cette impuissance est une des causes de l'acharnement des partis ; comme s'il était possible, dans l'état actuel de la France, à un seul parti de dominer tous les autres. Une commission de trente hommes de la plus haute distinction a été chargée d'étudier les projets de lois constitutionnelles. Toutes les lumières de la France se sont concentrées dans cette société d'élite, et ses études se résument dans cette parole pleine de désespoir : « On ne s'est pas » entendu sur les moyens de remédier au mal. » Tellement il est impossible de fonder des institutions libérales sur le suffrage universel. Le plus grand architecte ne saurait construire un édifice sur une base dangereuse. Il ne faut pas chercher la base de nos lois dans les institutions qui ont déjà causé nos révolutions et nos désastres ; et à ceux qui prétendent que notre seul point d'appui doit être le suffrage universel, je répondrai que si notre société est encore debout, c'est parce qu'elle repose sur l'armée, le clergé, la magistrature et les diverses administrations, et que le principe qui sert de base à ces institutions n'est pas celui de la souveraineté du nombre, mais bien celui de la suprématie de l'intelligence et du mérite personnel.

L'expérience est concluante : toutes les institutions qui reposent sur ce principe ont seules résisté aux révolutions de ce siècle.

On donne le nom de principe de l'égalité au principe de la suprématie de l'intelligence et du mérite personnel, parce que c'est la seule égalité possible sur la terre. Ce sont les droits du misérable, jeté par le hasard sans asile et sans nom sur la voie publique, égaux à ceux du grand seigneur que la fortune a fait naître riche et noble, devant la loi des hommes comme devant la loi de Dieu. Toutes les fonctions, toutes les récompenses doivent être données à ceux qui les méritent ; à chacun selon ses œuvres ; c'est là le triomphe du christianisme. L'esprit moderne de la France se résume dans cette égalité, et tout le monde, sans exception, s'incline devant l'intelligence et le mérite personnel.

Tous les autres principes sont une cause de division entre les citoyens ; seul, celui de l'égalité est admis par tout le monde, seul il a donné aux institutions une telle stabilité que les révolutions n'ont pu les ébranler. C'est donc lui qui doit servir de point de ralliement à la nation, et c'est sur lui que les législateurs doivent baser toutes les lois.

Les règles de justice dans l'égalité, qui sont essentielles dans l'armée et qui forment la base de l'esprit militaire, doivent être scrupuleusement respectées dans les lois constitutionnelles.

La loi militaire est l'ensemble des principes, des réglements et des pénalités reconnus nécessaires pour maintenir la discipline et l'élévation des sentiments chez des milliers d'hommes réunis et armés, qui n'ont pas de plus vif désir que celui de rentrer dans leurs foyers.

Il est bien certain que pour maintenir l'ordre chez des citoyens isolés et sans armes, occupés dans leurs familles, les réglements et les pénalités doivent être moins rigides que dans l'armée, mais les principes doivent être les mêmes, car le cœur de l'homme ne varie pas, sous les drapeaux ou dans ses foyers.

Parmi les règles admises dans la loi militaire je citerai les suivantes :

L'autorité réside absolument dans la loi seule.

Aucune distinction ne doit être basée sur la fortune.

Aucune distinction ne doit être basée sur les opinions politiques.

Aucun sentiment de méfiance ne doit exister contre aucune classe de la société,

Toutes les fonctions doivent être données au mérite personnel.

La loi militaire ne repose que sur un seul principe.

L'autorité réside absolument dans la loi seule.

Ce principe est non moins indispensable dans les lois constitutionnelles que dans la loi militaire. Avec le suffrage universel l'autorité ne réside plus dans la loi, et journellement des membres de conseils élus refusent d'obéir aux lois, sous prétexte que leur autorité leur vient dés électeurs. Ils peuvent être cassés, mais en général il sont renommés à une plus grande majorité, et l'État se trouve ainsi mis en affront par le premier venu. Toute idée d'autorité se perd avec ces théories insensées. Les électeurs donnent la fonction, mais c'est la loi seule qui donne l'autorité. Dans l'organisation si complexe d'un État, toutes les fonctions ne peuvent pas s'obtenir de la même manière. Les unes sont données au concours, d'autres s'obtiennent par voie hiérarchique, d'autres enfin, qui consistent à régir les intérêts des citoyens, sont données par les citoyens eux-mêmes ; mais quelle que soit l'origine

de la fonction, celui qui en est revêtu tient son auto_
rité de la loi, et le chef du pouvoir exécutif doit le
casser s'il ne remplit pas les conditions indispensables de capacité, de dignité et d'obéissance. Et
comme la loi ne doit pas recevoir d'affront, tout
membre d'un conseil élu qui a été cassé doit
perdre ses droits d'éligibilité, de même que tout
autre fonctionnaire cassé ne peut plus rentrer dans
le corps dont il faisait partie.

*Aucune distinction ne doit être basée sur la for-
tune.*

S'il en était autrement dans l'armée, la rivalité
existerait entre les militaires pauvres et ceux qui
sont riches, et si le moindre grade était donné à
l'argent, il serait impossible de maintenir la discipline chez les hommes sans fortune.

Ce qui est vrai dans l'armée l'est également
dans la nation, et si la loi donnait une fonction
quelconque, celle d'électeur par exemple, à la
fortune, tous les citoyens qui ne sont pas riches se
révolteraient contre la loi.

*Aucune distinction ne doit être basée sur les opi-
nions politiques.*

Si le ministre de la guerre cassait des officiers à
cause de leurs opinions, ou même s'il était seulement prouvé qu'un officier n'aurait pas eu l'avan-

cement qu'il méritait pour cette même cause, la discipline serait impossible et tous les militaires appartenant aux mêmes partis se révolteraient. Eh bien, lorsque des fonctionnaires, des maires qui ont fait leur devoir sont cassés à cause de leurs opinions politiques, par cela même des partis entiers, des millions de citoyens sont mis hors la loi, et l'ordre est impossible à maintenir avec des mesures aussi vexatoires. L'expérience a prouvé que ces mesures sont nécessaires avec le suffrage universel; le gouvernement actuel les emploie aussi bien que celui du 4 septembre et que l'Empire; c'est une nécessité imposée par le principe de la souveraineté du nombre. Mais si toutes les lois reposaient sur le principe de l'égalité, un fonctionnaire, un maire serait aussi inviolable qu'un officier, s'il remplissait les conditions indispensables : capacité, dignité, obéissance. Dans l'armée, il n'existe aucune division de partis, parce que la loi donne à tous les mêmes droits; si la loi en agissait de même dans la nation, l'acharnement des partis aurait moins sa raison d'être, et l'apaisement ne tarderait pas à se faire.

La loi doit d'autant plus éviter d'établir une distinction quelconque entre les partis que l'avenir est plus incertain. On ignore quel sera notre gouvernement futur; mais la loi doit empêcher un parti quelconque d'opprimer les autres, s'il arrivait au pouvoir.

Aucun sentiment de méfiance ne doit exister contre aucune classe de la société.

Dans l'armée, on ne peut obtenir l'élévation des idées et l'esprit de dévouement qu'en témoignant à tous une égale confiance. Souvent les fonctions les plus délicates, les postes les plus difficiles sont donnés au hasard, par ordre de service. S'il en était autrement, si une classe sociale était tenue en suspicion, la loi n'aurait pas le droit d'exiger d'elle ni l'obéissance ni le dévouement.

Il doit en être de même dans la nation ; et si la loi veut faire appel aux sentiments les plus élevés, le mot confiance doit être inscrit en tête de la constitution.

J'aborde ici une des questions les plus délicates de notre état social ; mais, je le répète, pour guérir nos plaies il faut les mettre à nu.

Il existe chez un grand nombre de bourgeois un sentiment de méfiance contre les hommes intelligents sans fortune. Ce sentiment provient de ce que, sous le gouvernement de Juillet, la bourgeoisie, ne voulant pas admettre dans le monde politique les hommes les plus intelligents et les plus honnêtes s'ils n'étaient pas riches, ceux-ci ont lutté contre les lois injustes qui les tenaient à l'écart. Cette rivalité existe encore, et j'ai entendu des gens riches préférer le suffrage universel au suffrage restreint, parce que, disaient-ils, il leur était possible de faire voter les paysans suivant leur volonté, tandis qu'ils n'avaient pas d'influence sur les hommes intelligents. Mais leur influence sur les paysans disparaît tous les jours, et ils se laisseront avant peu, ainsi que les ouvriers des villes, entraîner par les séductions des radicaux. Un collège électoral, composé d'hommes intelligents, n'aurait, au contraire, aucun intérêt à faire triompher le radicalisme; et si la loi leur témoignait la confiance la plus absolue, ils soutiendraient certainement cette loi. Comment? on s'en rapporte au patriotisme des hommes intelligents pour leur confier les positions les plus délicates, et on se méfierait d'eux pour leur donner le droit de vote. Ce sont ces méfiances qui font naître les rancunes et les luttes. Là loi doit être au-dessus de ces misérables rivalités, elle doit être impartiale pour toutes les classes de la société; et si elle veut exiger le dévouement de tous, elle doit avoir confiance dans tous.

Toutes les fonctions doivent être données au mérite personnel.

Ce principe est tellement juste, tellement conforme à tous les sentiments de la conscience humaine, que tout le monde l'accepte comme une vérité première.

Dans les lois constitutionnelles, la fonction d'électeur doit être donnée au mérite personnel.

et tout citoyen a le droit d'être électeur s'il remplit les conditions de capacité et de dignité que la loi doit exiger de tous ceux qui prennent part aux affaires publiques.

Les fonctions obtenues à l'élection peuvent parfois n'être pas données aux plus méritants. Mais si les électeurs sont suffisamment intelligents pour faire leur choix avec discernement, il est probable qu'ils choisiront ceux qui seront les plus capables de défendre leurs intérêts. Quels que soient les choix faits par les électeurs, la loi doit les respecter, si les élus remplissent les conditions de capacité, de dignité et d'obéissance indispensables pour toutes les fonctions publiques.

Certains radicaux voudraient introduire le principe de la souveraineté du nombre dans l'armée, et faire nommer les officiers à l'élection. Mais les résultats en seraient tellement désastreux, que la plus grande masse des hommes sensés se refuse à accepter cette mesure.

Le principe de la souveraineté du nombre, dont l'application serait si dangereuse dans l'armée, ne peut donner dans la nation que des résultats analogues et la conduire à sa ruine.

La loi militaire ne repose que sur un seul principe.

Le principe fondamental de la loi militaire est le principe de l'égalité, et la loi est logique et pleine d'unité parce qu'elle repose sur ce seul principe.

Une des grandes causes de trouble dans les esprits et dans les institutions est dans la loi elle-même, lorsqu'elle admet comme également justes des principes tellement opposés, que l'affirmation de l'un deux est la négation des autres. Le pays se divise forcément en autant de partis que la loi reconnaît de principes différents. Ainsi, sous le régime censitaire, la loi admettait deux principes opposés; le pays fut par cela même divisé en deux partis: les gens riches, s'appuyant sur le principe de la suprématie de la fortune, et les libéraux sur celui de l'égalité. De nos jours, la loi reconnaît encore deux principes complétement opposés : celui de la suprématie du mérite personnel et celui de la souveraineté du nombre ; de là division de la nation en libéraux et radicaux, et ces partis sont également logiques, puisque chacun d'eux s'appuie sur un principe différent mais reconnu également juste par la loi.

Supposons admis un projet de constitution qui a été proposé. La Chambre des députés nommée par le suffrage universel reposerait sur le principe de la souveraineté du nombre.

La partie du Sénat nommée par la bourgeoisie reposerait sur le principe de la suprématie de la fortune.

L'autre partie du Sénat, nommée par le chef du

pouvoir exécutif, reposerait sur le principe de l'égalité.

Et supposons qu'une loi quelconque, la loi militaire, par exemple, soit en discussion.

Les radicaux de la Chambre des députés, qui ont leur origine dans le principe de la souveraineté du nombre, demanderont qu'on applique ce même principe à la loi militaire et que les grades soient donnés à l'élection.

Les enrichis du Sénat, s'appuyant sur le principe de la suprématie de la fortune, diront qu'un citoyen ne peut avoir réellement intérêt au maintien de l'ordre qu'autant qu'il possède, et que l'État ne doit donner des grades qu'aux militaires dont la fortune offre des garanties de sécurité.

Enfin, un maréchal de France, arrivé au Sénat par le principe de l'égalité, soutiendra que les grades doivent être donnés au mérite personnel.

Ainsi donc, il serait impossible à ces différents législateurs de se mettre d'accord, et cela justement parce que chacun d'eux serait logique et conséquent avec le principe même de son élection, principe reconnu également juste par la loi.

Par les mêmes raisons, le pays serait divisé en trois partis: les radicaux, les bourgeois et les libéraux.

Ainsi donc, il ne pourra exister de la logique dans les esprits, de l'unité dans les choses de l'État et de l'accord entre les citoyens qu'autant que toutes les lois sans exception reposeront sur un seul principe.

Avant d'étudier les lois constitutionnelles, l'Assemblée nationale doit donc décider sur quel principe elles devront reposer. Si la discussion est limitée entre le principe de l'égalité et celui de la souveraineté du nombre, il ne peut se présenter que trois solutions :

Baser toutes les lois sur le principe de l'égalité,

Ou baser toutes les lois sur le principe de la souveraineté du nombre,

Ou bien baser certaines lois sur le principe de l'égalité et les autres sur le principe de la souveraineté du nombre.

Cette dernière solution, qui est proposée et qui aurait l'inconvénient de diviser le pays en deux partis : les libéraux et les radicaux, ne peut pas se défendre en théorie. Je ne vois pas par quel effort d'imagination, après avoir admis qu'il serait absurde d'appliquer le principe de la souveraineté du nombre dans l'armée, la magistrature et toutes les administrations, on pourrait démontrer qu'il serait juste de le donner pour base aux lois constitutionnelles.

Cette solution serait d'autant plus absurde qu'avec la loi sur le service obligatoire tous les hommes jusqu'à quarante ans sont soumis à la loi militaire. On ne peut pas admettre que tout citoyen

soit soumis au principe de la souveraineté du nom
bre dans sa vie civile et à celui de l'égalité dans sa
vie militaire. Ce serait là une cause de trouble
dans les esprits, de divisions et de luttes d'autant
plus dangereuses que toute la partie la plus robuste
de la nation serait enrégimentée et armée.

Les radicaux, qui demandent que toutes les lois
reposent sur le principe de la souveraineté du
nombre, sont parfaitement logiques ; car enfin, si
les législateurs reconnaissent que ce principe est
juste et qu'il doit assurer la grandeur des institutions, pourquoi ne pas le donner pour base à toutes les lois? Mais je ne crois pas qu'il se trouve à la
Chambre un grand nombre de députés voulant
faire nommer les officiers, les prêtres, les magis-
trats et les fonctionnaires à l'élection. Et si la question était posée devant l'Assemblée nationale entre
le principe de l'égalité et celui de la souveraineté
du nombre, j'ai la conviction que le principe de
l'égalité rallierait une majorité considérable.

Il serait possible alors au gouvernement du maréchal, s'appuyant sur un grand principe et sur
une majorité compacte, de fonder des institutions
stables, libérales et dignes de la France.

Si la fonction d'électeur était soumise aux règles
admises pour toutes les autres fonctions et si les
lois constitutionnelles étaient basées sur le principe
de l'égalité, le véritable souverain ne serait plus ni
la noblesse, ni la bourgeoisie, ni le peuple, mais

bien tous les hommes intelligents compris dans chacune de ces différentes classes sociales, c'est-à-dire la nation tout entière dans ce qu'elle a de plus élevé.

Aussi longtemps que la loi établira entre les citoyens une distinction quelconque basée sur la naissance ou sur la fortune, ou qu'elle ne reconnaîtra pas d'autre puissance que celle du nombre seul, la lutte existera forcément entre les diverses classes sociales ; mais si elle ne reconnaissait entre les hommes d'autre distinction que le mérite personnel, tout antagonisme social disparaîtrait, les luttes politiques se feraient sur des idées plus ou moins libérales, et la France, rassurée dans son avenir, aurait bientôt repris sa place à la tête de la civilisation.

Que ceux qui ont nos destinées en main se souviennent que pour élever encore l'esprit national il ne faut pas baser les lois sur l'arbitraire, l'ignorance, les passions ou la lâcheté, mais bien sur la justice, l'intelligence, l'honneur, la confiance, les vertus, les grandes traditions et les plus nobles sentiments de l'âme, et surtout sur le christianisme qui est la plus sublime de toutes les vérités.

LOI ÉLECTORALE.

CHAMBRE DES DÉPUTÉS.

L'application du principe de l'égalité dans les lois constitutionnelles est possible. Je n'ai pas la prétention de résoudre complétement une question aussi complexe, mais je veux seulement m'attacher à prouver qu'on peut arriver à une solution pratique.

Les avis peuvent différer sur les preuves d'intelligence que la loi devrait exiger pour être électeur ; je crois que toute preuve d'intelligence doit donner droit à cette fonction. Or, par cela seul qu'un homme occupe une position quelconque par son mérite personnel, il fait preuve d'intelligence, d'expérience ou d'instruction, et le droit d'électeur doit lui être donné s'il en est digne par son honnêteté.

L'expérience démontre que toute classe sociale avantagée par la loi veut en profiter pour s'exempter autant que possible des charges publiques, et les faire peser sur l'autre classe, qui alors cherche à se révolter pour ne pas subir cette injustice. Il est donc du devoir des législateurs de ne pas donner dans la loi à une classe sociale une prédominance marquée sur l'autre.

C'est dans cet esprit de justice que devrait être fait le choix des positions qui donneraient le droit d'électeur. Ainsi, par exemple, si dans l'armée on ne donnait le droit de vote qu'aux officiers, la bourgeoisie serait avantagée. Si au contraire on descendait jusqu'aux caporaux inclusivement, ce serait le peuple qui aurait l'avantage. Je crois qu'en comprenant les officiers et les sous-officiers, l'égalité existerait entre les classes sociales.

Les différentes positions peuvent se diviser en trois classes principales. ,

Seraient électeurs : 1º tous les citoyens ayant un grade, titre, brevet ou diplôme quelconque.

Ce seraient, par exemple : les anciens officiers et sous-officiers de l'armée active et de la marine, les officiers et sous-officiers des réserves ; les membres du clergé, tous les fonctionnaires et employés de l'État ; les citoyens ayant obtenu un diplôme quelconque ; les élèves des écoles du Gouvernement, de l'industrie, du commerce et de l'agriculture ; les élèves des beaux-arts et des conservatoires, les artistes admis au Salon, les membres de la Légion-d'Honneur et les médaillés de toutes sortes, etc.

Pour déterminer cette classe d'électeurs, les législateurs ne rencontreraient aucune autre difficulté qu'une nomenclature à établir.

2º Tous les citoyens ayant obtenu une position quelconque par le suffrage de leurs concitoyens.

˙Ce seraient les conseillers municipaux et généraux, etc., etc.

Là encore les législateurs ne rencontreraient pas d'autre difficulté qu'une nomenclature à établir.

3° Tous les hommes occupés dans les affaires, les industriels, commerçants, agriculteurs, fermiers ou propriétaires exploitant leurs terres, et tous les employés non soumis à la domesticité.

Le choix de ces électeurs serait soumis aux règles du régime censitaire, avec cette différence qu'il ne suffirait pas d'être propriétaire, ce qui n'est pas une preuve d'intelligence, mais il faudrait être personnellement occupé dans les affaires.

Ainsi, dans l'application, serait électeur tout citoyen payant une patente déterminée ou régissant une propriété payant un chiffre fixé d'imposition.

Pour les employés, la question est moins simple à résoudre. Cependant, comme ce sont des hommes d'affaires, on pourrait admettre pour eux l'usage le plus répandu dans les affaires, usage qui est la base même du crédit, et qui repose sur un sentiment élevé : la confiance. Il consisterait à exiger de tout employé qui voudrait se faire inscrire sur la liste électorale de se faire présenter par son patron, et de faire garantir par deux signatures qu'il est bien dans les conditions définies par la loi. En face du nom de l'électeur on afficherait les noms des notables qui l'ont présenté, de telle sorte que les abus qui pourraient se commettre ne seraient pas imputés au Gouvernement, mais bien aux notables qui ont affirmé que l'employé était dans les conditions légales.

Dans la pratique, ce système électoral ne serait pas plus compliqué que la plupart de ceux qui sont employés de nos jours, et l'Assemblée nationale ne représenterait pas exclusivement les intérêts de la bourgeoisie, comme avec le régime censitaire, ni seulement ceux du peuple, comme avec le suffrage universel, mais bien ceux de la nation tout entière.

Lorsque la loi ne donnerait plus le pouvoir à la classe ouvrière seule, le radicalisme ne pourrait plus triompher, les journaux radicaux n'auraient plus leur raison d'être, les citoyens qui, par ambition ou par entraînement, appartiennent à ce parti se tourneraient forcément vers les idées libérales, le malaise qui torture les esprits disparaîtrait et le gouvernement pourrait être grand et stable, parce qu'il reposerait sur la justice, l'intelligence et l'honneur.

LA LOI MUNICIPALE.

Autant la décentralisation est impossible avec le suffrage universel, ainsi que le démontre l'expérience du gouvernement actuel, de celui du 4 septembre et de l'Empire, autant elle serait la conséquence forcée de l'application du principe de l'égalité. Les maires, ne devant plus être choisis par des considérations politiques, devraient être nommés par les conseils municipaux. Mais la loi devant exiger d'eux les conditions indispensables de capacité, de dignité et d'obéissance, tout maire ne remplissant pas ces conditions serait cassé et privé du droit d'éligibilité.

Il est juste que chaque partie de la commune soit également représentée dans le conseil municipal. Je connais actuellement des propriétés considérables qui contribuent aux dépenses générales, mais qui n'en profitent pas, parce qu'à cause de leur éloignement du clocher et de la plus grande masse des électeurs elles n'ont jamais été représentées.

L'expérience démontre que moins le collége électoral est étendu, plus la question d'intérêt local prime la question politique.

Dans cette double considération, en théorie,

chaque commune devrait être divisée en un nombre de sections égal à celui des conseillers municipaux. Chacune de ces sections devrait payer un chiffre égal d'impositions, et nommerait séparément le conseiller chargé de la représenter au conseil municipal.

Dans l'application de cette théorie, chaque commune pourrait être laissée libre de réunir deux ou trois sections, de manière à grouper ensemble les localités ayant les mêmes intérêts.

Tous les citoyens habitant la commune peuvent faire partie du collége électoral chargé d'élire les conseillers municipaux, s'ils en sont dignes par leur honnêteté, car tous ont une intelligence suffisante pour choisir avec discernement.

Lorsque le suffrage universel serait supprimé et que le radicalisme ne pourrait plus triompher, les communes n'auraient aucun intérêt à nommer des conseillers radicaux. Mais si quelques-unes en nommaient encore, ce serait sans danger social, puisqu'ils seraient cassés et privés de leurs droits politiques en cas d'incapacité ou de désobéissance aux lois.

Le Gouvernement, s'appuyant sur tous les hommes intelligents et n'ayant plus à craindre le radicalisme, pourrait ainsi mettre à exécution les grandes idées de libéralisme et de décentralisation qui sont dans l'esprit de chacun, mais qui sont impossibles avec le suffrage universel.

DU SÉNAT.

Le rôle de la Chambre des députés est surtout de veiller aux intérêts de la nation. Celui du Sénat doit être d'assurer la stabilité et la grandeur des institutions.

En Angleterre, la Chambre haute est formée en grande partie des descendants des hommes illustres qui, par leurs vertus, ont le plus contribué à la gloire nationale. La Chambre des lords possède un grand prestige puisé dans la tradition et dans son indépendance. En France, où le niveau égalitaire a détruit l'ancienne noblesse, le Sénat ne peut plus être une aristocratie de naissance; mais, au nom du principe d'égalité, il doit être une aristocratie de l'intelligence et de l'honneur. Il doit comprendre les hommes les plus éminents de l'Église, la justice, l'armée, l'administration, l'instruction publique, les sciences, les arts, les lettres, l'industrie, le commerce et l'agriculture, et aussi, parmi les descendants de nos grands hommes, ceux qui portent le plus dignement le nom de leurs aïeux. C'est une pensée généreuse que d'admettre que les descendants de ceux qui ont fait de la France une grande nation soient appelés à continuer l'œuvre de leurs pères.

Il est loin de ma pensée de prétendre que la fonction de sénateur doive être héréditaire ; mais je crois que le prestige du Sénat ne peut qu'augmenter si, à côté des hommes les plus éminents de l'époque siégent ceux qui portent dignement des noms qui sont la gloire nationale.

Par qui sera nommée la Chambre haute ?

On propose de faire nommer le Sénat en partie par le chef du pouvoir exécutif et en partie par un collége électoral composé de la haute bourgeoisie. De telle sorte que l'Assemblée nationale, nommée par le suffrage universel, représenterait les intérêts du nombre, c'est-à-dire du peuple, et le Sénat ceux de la bourgeoisie.

Ce serait là l'antagonisme social organisé, chaque classe de la société ayant pour état-major une Chambre différente.

On voudrait donner au Sénat le droit de dissoudre l'Assemblée des députés. Mais lorsque les chefs du parti radical viendraient dire à leurs électeurs que la Chambre des bourgeois a dissous la Chambre des ouvriers, peut-on espérer que le peuple irrité ne renommerait pas une Assemblée encore plus radicale, sinon révolutionnaire.

On voudrait comprendre les grands propriétaires dans ce collége, chargé de nommer le Sénat. C'est l'application d'une idée inventée sous le régime censitaire. La bourgeoisie, voulant jouer le rôle de la noblesse, avait imaginé de créer une

aristocratie d'argent. Certes, il existe des grands
propriétaires qui, par leurs traditions d'honneur
et les services rendus dans la contrée, inspirent
autour d'eux le respect à chacun. Mais un grand
nombre des familles les plus honorables ont vendu
ou divisé leurs terres, et trop souvent la grande
propriété se trouve aux mains d'enrichis devant
lesquels les paysans ne se découvrent même pas,
parce qu'ils ont apporté dans les campagnes l'à-
preté des hommes d'argent et l'arrogance des par-
venus. De quel droit ces hommes feraient-ils
partie du collége électoral chargé de nommer le
Sénat? Les priviléges sónt abolis, et personne ne
demande qu'on les rétablisse; mais s'il doit en
exister encore. qu'on les rende à la naissance.
mais qu'on ne les donne pas à la fòrtune. Dans
une nation chrétienne, qui se prosterne devant
l'abnégation et l'humilité, chez un peuple libéral
qui, dans sa noble fierté, ne s'incline que devant
l'honneur, l'intelligence, les vertus et les traditions, jamais on ne reconnaîtra une aristocratie
d'argent. L'aristocratie française peut s'appeler
Turenne ou Corneille, Lamartine ou Mac-Mahon.
mais non Turcaret, fût-il le plus grand propriétaire
du monde entier.

Le Sénat et l'Assemblée nationale ne doivent pas
être nommés par deux colléges électoraux différents, puisque chacun de ces colléges étant composé
d'une classe sociale différente, ce serait irriter

encore plus la lutte déjà trop vive qui existe entre la bourgeoisie et le peuple.

En faisant nommer les deux Assemblées par le même collége électoral, cet antagonisme n'existerait pas, mais les deux Chambres, ayant la même origine, auraient une composition identique. Tout autant vaudrait n'en avoir qu'une seule.

Je dirai plus ; le Sénat, devant être une aristocratie, ne peut pas être nommé par un collége électoral. Une réunion quelconque d'électeurs choisira toujours les candidats qui lui sembleront les plus capables de défendre ses intérêts, mais elle ne choisira pas les hommes les plus éminents par leurs vertus et par les services rendus à la patrie.

Et puis, pour maintenir la grandeur de la France en face des nations étrangères, la Chambre haute doit pouvoir se placer au-dessus des questions d'intérêt. Le pourrait-elle si elle était nommée par la bourgeoisie ?

Si le Sénat était nommé par le chef du pouvoir exécutif, il pourrait se composer des hommes les plus éminents; mais quelle que soit l'impartialité du souverain, il serait considéré comme une réunion de courtisans, et n'aurait aucun prestige.

Il semblerait juste que les sénateurs, devant être les hommes qui ont rendu les plus grands services au pays, soient désignés par le pays lui-même. Or, la plus haute expression du pays est l'Assemblée nationale. Mais il serait à craindre que l'esprit politique de la Chambre n'écartât du Sénat des hommes illustres à cause de la divergence de leurs opinions. Dernièrement le Conseil d'État a été élu par l'Assemblée nationale, et les choix, faits avec justice, ont satisfait l'opinion publique.

Si, une fois formé, le Sénat se renouvelait lui-même, à l'instar de l'Académie française, le principe de l'égalité serait observé; il se composerait des hommes les plus distingués, et il puiserait dans ce mode d'élection une grande indépendance. Mais on pourrait craindre que la majorité ne se déplaçant jamais, la Chambre haute puisse se trouver à un certain moment en désaccord avec l'esprit général du pays, ce qui pourrait créer au Gouvernement les plus grandes difficultés.

Pour concilier les avantages et les inconvénients de ces divers modes d'élection, le Sénat pourrait être ainsi formé :

Un tiers comprendrait les grands dignitaires et les hauts fonctionnaires qui sont nommés par le chef du pouvoir exécutif ;

Un autre tiers serait nommé par l'Assemblée nationale, représentant le pays, et, afin de ne sacrifier aucun parti, la majorité et la minorité nommeraient chacune séparément un nombre de sénateurs proportionnel au sien.

Ces deux tiers réunis nommeraient le troisième.

Par ce mode de formation aucun parti ne serait

sacrifié, le principe d'égalité serait observé, et le Sénat se composerait, non pas d'hommes plus ou moins habiles à défendre les intérêts d'un collége électoral quelconque, mais bien des hommes les plus éminents de la nation.

Pour ajouter à l'indépendance du Sénat, les sénateurs devraient être nommés à vie. A sa mort, chaque sénateur serait remplacé par le chef du pouvoir exécutif, par l'Assemblée nationale ou par le Sénat, suivant l'origine de son élection.

Le plus grand avantage de cette diversité d'origines serait qu'un homme illustre ne pourrait pas être écarté par l'esprit de parti ou de coterie.

Le Sénat se trouverait, par ce mode d'élection en rapport direct avec le chef du .pouvoir exécutif et avec le pays; il posséderait un grand prestige et une grande indépendance.

Le rôle du Gouvernement deviendrait facile, car l'accord se ferait aisément entre un Sénat composé de l'aristocratie intellectuelle et une Assemblée nationale élue par toute la partie intelligente du pays.

————————

Toutes les expériences ont été faites, le pouvoir a passé alternativement dans les mains des diverses classes de la société : la noblesse, la bourgeoisie et le peuble; et si, au lendemain de nos dernières révolutions, nous en recherchons la cause, nous la trouvons dans l'application successive de deux principes faux : celui de la suprématie de la fortune et celui de la souveraineté du nombre. Et cependant notre patrie est encore debout malgré les luttes sociales et l'acharnement des partis, on sent la vitalité partout, chacun a soif de repos, on veut s'arrêter dans cette voie de troubles et de désastres et marcher dans le progrès. Ce serait trop affreux si la France, qui se sent tant de sève, périssait par la faute des lois. La nation veut un point d'appui. un centre de ralliement. Ce point d'appui, il faut le chercher dans les institutions qui sont debout. mais non dans celles qui ont causé nos malheurs. et les seules qui soient fermes et solides reposent sur cette base puissante qui est l'égalité. Il faut l'égalité entre les citoyens, l'égalité entre les classes sociales, l'égalité entre les partis, et alors la nation, ralliée dans ce seul principe, oubliera ses douleurs et ses luttes, et elle marchera en avant, appuyée sur la justice.

Ah ! s'il en est qui craignent la révolte dans le peuple lorsque la loi supprimerait le suffrage universel, ils ne connaissent donc pas sa grandeur et le profond sentiment de justice qui domine dans sa conscience. Oui, si l'on voulait rétablir les privilèges de la noblesse ou de la bourgeoisie. on aurait raison de craindre une sédition ; mais si la loi impartiale était égale pour tous, qui oserait ne pas s'y soumettre? Quel est celui qui se plaindrait si la fonction d'électeur étant donnée au mérite personnel, il n'avait pas su l'acquérir? Les révoltes ne se font que contre des injustices.

Par un sentiment très-naturel, lorsque les ouvriers verraient des gens riches ne pas être électeurs, ils ne seraient pas froissés dans leur amour-propre, et, on peut bien le dire, un grand nombre d'entre eux verraient supprimer le suffrage universel sans se plaindre ; leur rôle dans les élections n'a rien qui les séduise. Ils ne connaissent parfois ni les noms ni les idées des candidats, et le choix leur est bien indifférent. Ils sont tiraillés entre les menaces et les promesses des divers partis ; les uns votent par crainte, les autres par complaisance, les plus fiers s'abstiennent souvent. Je connais des paysans qui, fatigués du rôle ridicule qu'on leur faisait jouer dans les élections, ont déclaré qu'ils ne voulaient plus aller voter. Que la loi leur donne le droit de participer à la nomination des conseillers municipaux et généraux, ils seront satisfaits : car là il s'agit de leurs intérêts directs, et ils sentent bien que ce sont les seules élections qu'ils puissent faire avec connaissance de cause.

La partie honnête de la nation verrait supprimer le suffrage universel sans songer à la révolte. Il n'en serait pas de même pour ces hommes qui sont une minorité dans le pays, mais qui forment un parti assez nombreux pour n'être pas sans danger. L'anarchie est le but de leur ambition infâme. Certes, ces hommes-là ne veulent pas qu'on supprime le suffrage universel ; mais la société n'a pas seulement le droit, elle a le *devoir* d'arracher de leurs mains une arme si dangereuse.

Mais enfin il faut tout prévoir, et si quelques-uns de ces hommes criminels levaient le drapeau de la révolte, l'armée ferait son devoir comme aux jours de la Commune, car elle défendrait certainement le principe de l'égalité sur lequel repose son organisation.

Une conséquence de la suppression du suffrage universel, qui la rendrait moins impopulaire chez la classe ouvrière, serait l'amnistie des malheureux que des conseils criminels ont entraînés dans cette fatale guerre de la Commune. Il est loin de mon esprit d'avoir la moindre pensée de miséricorde pour les chefs, et s'ils remettent jamais le pied sur le sol qu'ils ont ensanglanté, ce devra être pour subir la peine due à leurs crimes. Mais quant à ceux qui ont été entraînés, le Gouvernement, qui ne devra plus agir par intimidation, pourra leur faire grâce sans danger social.

Ma dernière pensée sera toute de confiance et d'espoir. Je crois que Dieu a donné à la France un chef tel que Mac-Mahon et une Assemblée aussi grande pour la relever, et j'espère que la dissolution, que demandent ceux qui mettent leur ambition au-dessus du salut de la patrie, ne se fera qu'après que la majorité conservatrice et libérale aura assuré la stabilité et la grandeur des lois en les basant sur la religion, la liberté, la raison et l'égalité.

Nevers, Imp. et Lith. Fay.

www.ingramcontent.com/pod-product-compliance
Lightning Source LLC
Chambersburg PA
CBHW061248050726
47594CB00004B/1417